Mes premières lectures avec UNE SAISON AU ZOO

Tout roux, tout doux !

Niveau 2

★★

Audrey Forest

Illustrations
Manu Surein

LAROUSSE

Direction de publication : Carine Girac-Marinier
Direction éditoriale : Julie Pelpel-Moulian
Édition : Léa Combasteix
Direction artistique : Uli Meindl
Mise en pages : Isabelle Harnichard
Fabrication : Marlène Delbeken

Avec l'aimable participation de France Télévisions,
Banijay Productions et du Zoo de La Flèche.

ISBN : 978-2-03-596528-8

Crédits :
France Télévisions, Banijay Productions et Paul Rodrigues :
logo « Une saison au zoo ».
S. Cordier, Zoo de La Flèche : page 9.
Éléments de maquette : © Fotolia.com.

Préface

Vous trouverez dans les **premières lectures Une saison au zoo** une progression adaptée aux lecteurs débutants. Me basant sur l'approche de la lecture de mes élèves de CP, j'ai voulu que les différents niveaux soient progressifs.

La langue française peut être complexe pour de jeunes lecteurs. Ainsi, vous trouverez une **double page d'entraînement avant l'histoire** : lecture de syllabes, de mots, ainsi que de mots outils utiles dans l'histoire. Cette étape permettra une lecture plus fluide. De plus, les lettres muettes des mots sont grisées.

La compréhension est un enjeu majeur de l'entrée dans la lecture. Il ne faut pas hésiter à faire répéter un mot qui a été au préalable lu en syllabes détachées pour en acquérir le sens. Tout comme il est important de relire une phrase décodée. Les illustrations permettront la validation de ce qui a été lu.

Le 1er niveau ne contient que des sons simples et des petits mots que les enfants acquièrent facilement.
Le 2e niveau introduit les premiers sons complexes. Il est destiné aux lecteurs intermédiaires.
Le 3e niveau est complet et accessible aux lecteurs confirmés.

En fin de livre, vous trouverez des **petits jeux** autour de l'animal central de l'histoire.

Audrey Forest,
Professeur des écoles

Je lis les syllabes de l'histoire

l	on	→	lon
p	an	→	pan
b	am	→	bam
r	ou	→	rou
b	ou	→	bou
d	en	→	den
s	in	→	sin
gr	im	→	grim

Je découvre des mots de l'histoire

griffe

branche

peluche

panthère

fourrure

bambou

Je lis les mots outils de l'histoire

les - et - avec - est - ses

mais - un - des - c'est

Le panda roux est doux comme un doudou.
C'est Sangha qui est dans les arbres.
Avec ses griffes, il court la tête en bas.

L'émission

UNE SAISON AU ZOO

Depuis 2014, le métier de soigneur et les animaux du zoo sont mis à l'honneur dans la série documentaire diffusée sur France 4. Le quotidien du vétérinaire, Cyril, des soigneurs, des stagiaires qui les assistent et des animaux est filmé toute la journée par deux équipes de cameramen. L'émission, produite par Banijay Productions, invite à découvrir les coulisses du zoo. Les membres de l'équipe confient leurs expériences, leurs ressentis et partagent leur passion dans de courtes interviews.
De nombreux épisodes sont disponibles sur la chaîne YouTube de l'émission.

Émerveiller et sensibiliser les visiteurs, étudier les animaux et conserver les espèces : voilà quatre missions que le Zoo de La Flèche applique au quotidien.

Grâce aux premières lectures Une saison au zoo, découvrez un peu plus ces animaux qui peuplent notre Terre !

Bonne lecture.

Tout roux, tout doux !

- Regarde Tom,

les branches remuent !

- C'est Sangha,

le panda roux.

- Allons voir
  comment il vit !

- Hop ! C'est parti !

Le panda roux, également

appelé petit panda,

vit dans les forêts

de bambous de Chine.

Il grimpe tout en haut

des arbres.

Avec ses griffes puissantes,

il dévale le tronc

la tête en bas.

Le panda roux se nourrit

de tout : surtout

de bambous, mais aussi

de fruits, de lézards

et d'insectes.

Nocturne, il vit la nuit

et dort le jour comme

le hibou ou

la chauve-souris.

Le panda roux passe

beaucoup de temps

à dormir : il ramène

alors sa queue touffue

sous sa tête.

Voilà un coussin

tout doux !

Une panthère !

Le petit panda doit être

attentif et prudent,

sinon, il risque

d'être dévoré.

Les pandas roux ne vivent pas en groupe.

Ils se retrouvent pour se reproduire.

Le bébé panda roux
est blanc ou gris.

Il est élevé par sa maman
dans un nid situé en haut
des arbres.

- Alors Zoé, tu le trouves rigolo le panda roux ?

- Oh oui ! Il est roux et doux, comme un doudou !

Tout sur le panda roux

Amuse-toi à répondre aux questions suivantes.

Quel est le surnom du panda roux ?
Le grand panda ? Le petit panda ?

Où vit le panda roux ?
En Chine ? En Angleterre ?

Vit-il...
Le jour ? La nuit ?

Qui est le prédateur du panda ?
Le lion ? La panthère ?

Que mange-t-il ?
Du bambou ? Du riz ?

Qu'est-ce qui est touffu ?
Sa tête ? Sa queue ?

Les mots croisés du panda roux

Place les mots dans la grille en t'aidant des visuels.

branche - arbre - hibou - nocturne - panthère - bambou
grimper - queue

UNE SAISON AU
ZOO

PAPIER À BASE DE FIBRES CERTIFIÉES

LAROUSSE s'engage pour l'environnement en réduisant l'empreinte carbone de ses livres. Celle de cet exemplaire est de : 350 g éq. CO_2 Rendez-vous sur www.larousse-durable.fr

Imprimé en Roumanie par G CANALE & CSA. Bucarest
Dépôt légal : janvier 2019 – 322677/02
N° de projet : 11040973 – mars 2020